金鍾祥 時調 選集

삶의 길 등산길

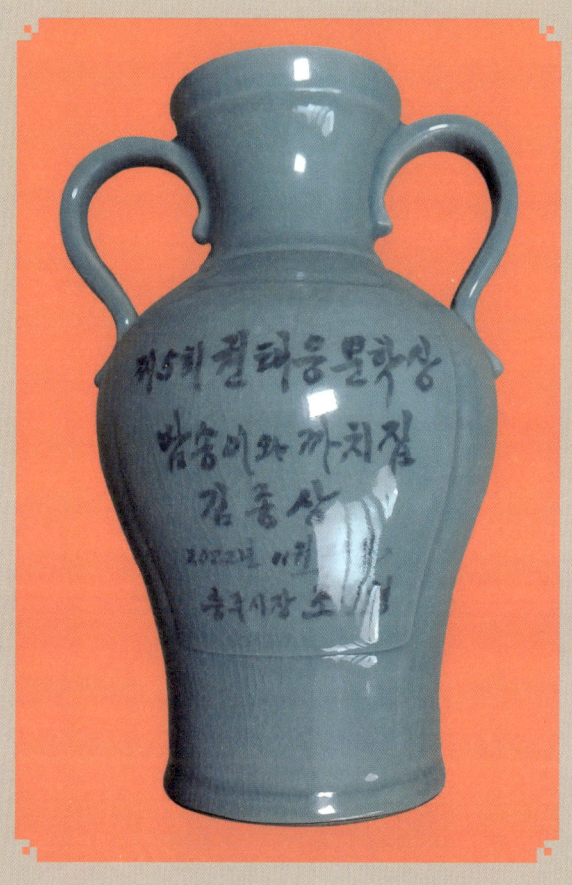

대양미디어

들어가며

삶의 길은 등산길

젊을 때는 친구들과 산을 좋아하여서
가까운 산을 찾아 등산을 하고 나면
마음이 상쾌해지고 건강에도 좋았어

등산을 계속하자 친구들이 늘어나고
물통에 배낭까지 장비도 갖추어져
더 멀고 좋다는 산을 찾아가게 되었지

그러다 나이 들어 기력이 떨어지니
소소한 잔병과 신경통 관절염으로
걷기가 힘겹다면서 친구들이 줄었어

친구가 적어지니 의욕도 떨어지고
의욕이 풀어지니 장비도 짐이 되며
등산도 힘에 겨워서 그만두게 되었지

산 정상을 오르던 자랑은 멀어지고
친구들도 하나둘 소식이 끊어지면서
나 또한 세월을 접고 들어앉게 되었네

일생을 사는 길도 등산길과 같아서
장비도 가는 산도 젊어서는 높여가다가
노쇠하니 그 모든 것을 내려놓게 되는군.

스승님 감사패(2025. 6. 9)

차 례

들어가며 | 삶의 길은 등산길 · 2

제1부 | 금강초롱꽃

가을길 · 13
가을 발소리 · 14
가을 아버지 · 15
개나리 · 16
겸재정선기념관 · 17
고대국가 조문국 · 18
고향 · 19
고향을 생각하며 · 20
광흥사 · 22
구름정자雲亭에서 · 23
금강초롱꽃 · 24
금낭화 · 25
금수강산 · 26
낙가산 보문사 · 27
낙동강 · 28
낙엽 · 29
남녘에 꽃이 피면 · 30
내가 먼저 · 31

제2부 | 병처를 보며

내 사랑 마포 · 35

눈 오는 날 · 36

도토리 · 37

동구나무 · 38

동화 나라 · 39

들판의 다락집 · 40

등운산 고운사 · 41

마네킹 · 42

마애불 · 43

망향가望鄕歌 · 44

많은 인연의 끈을 · 45

맹한 나라 · 46

멍한 나라 · 47

무궁화 · 48

모정母情 · 50

반투어 아이들 · 51

병석의 아내 · 52

병처病妻를 보며 · 53

제3부 | 부모님 유택

보릿고개의 추억 · 57

보문사를 찾았더니 · 58

부모님 곁으로 · 60

부모님 묘소 · 61

부모님 유택 · 62

비익조比翼鳥 · 64

뻐꾸기 · 65

사람만 너와 내가 · 66

산다는 것은 · 67

생각만은 · 68

생각 좀 해보자 · 69

석모도에서 · 70

세상을 보는 눈 · 71

송파진을 보며 · 72

수구초심 · 73

쓰레기 · 74

아내의 걱정 · 75

아내의 치매 · 76

제4부 | 오방색 단풍

    아내의 파킨슨 · 79
    아픔의 열매 · 80
    암은행나무 · 81
    애국가를 들으며 · 82
    어떤 풍경화 · 84
    어떻게 이런 일이 · 85
    어머니가 고향이다 · 86
    어머니의 길 · 87
    어머니의 흔적 · 88
    연蓮을 보면 · 89
    엽서 한 장 · 90
    오늘날의 학교 · 91
    오방색 단풍 · 92
    우리 공무원 수 · 93
    우리네만 왜 · 94
    우리네 조상들은 · 95
    웃음거리 · 96
    6·25형제상 · 97

제5부 | 통일 바느질

을사 신년 · 101
의성 사촌에서 · 102
이것이 인생이네 · 103
이래서 되겠는가 · 104
이 우매를 어쩌랴 · 105
이육사 문학관 · 106
이쪽과 저쪽 · 107
일본을 훈계함 · 108
임진강 · 110
전쟁놀이 · 111
절에서 · 112
제비 가족 · 113
짚신 정신으로 · 114
찡한 나라 · 116
징한 나라 · 118
탑돌이 · 119
태양 · 120
통일 바느질 · 121

제6부 | 하나로 살자

　　통일촌에서 · 125
　　파리 · 126
　　팔 들고 벌을 서다 · 127
　　펜을 들어 · 128
　　평화를 향하여 · 129
　　풍경소리 · 130
　　하나로 살자 · 131
　　하늘 · 132
　　학가산 · 133
　　한글 나라 좋은 나라 · 134
　　한 송이 푸른 연꽃 · 135
　　할머니 텃밭 · 136
　　함께 살자 · 137
　　합정동 찬가 · 138
　　허준박물관 · 140
　　혼자 가는 여행길 · 141
　　화석 · 142
　　흙덩어리 · 143

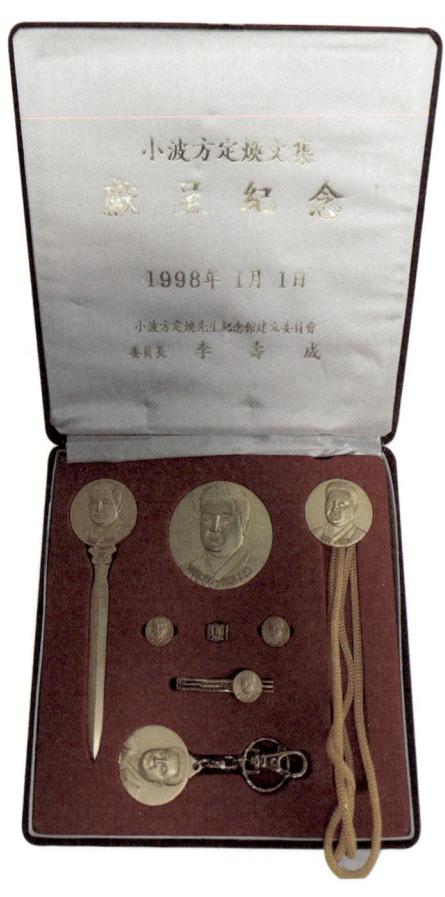

小派 方定煥文集 獻呈 紀念(1998. 1. 1)

제1부

금강초롱꽃

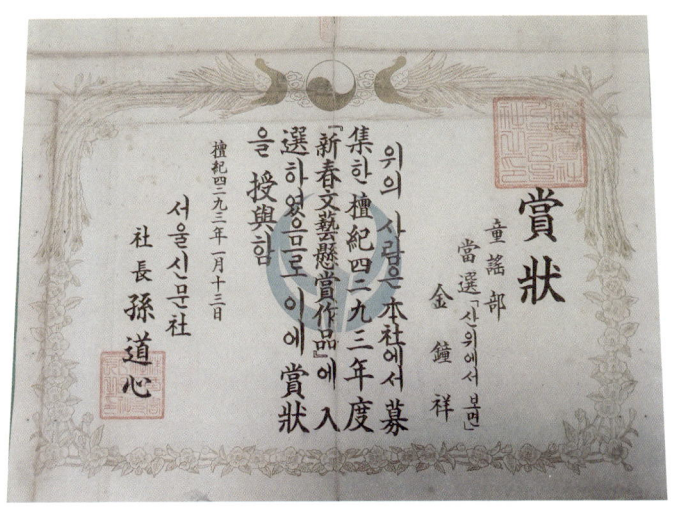

서울신문 신춘문예 당선(4293. 1. 13)

統一文學賞(2020. 2. 15)

가을길

돌담길 돌아가는 호젓한 오솔길로
단풍은 한잎 두잎 바람에 지는데
시드는 풀숲 속에서 피리 부는 풀벌레

빈들에 허수아비 낡은 옷이 시린데
어디서 무얼 할까 어린 날의 친구들
저무는 먼 산 너머로 기적소리 들리네

발길마다 꽃잎이듯 낙엽을 밟고 가면
끝없이 설레이는 생각의 갈피갈피
놀처럼 붉게 물드는 고향 산천 그리움.

- 『우리 땅 우리 하늘』 1986년

가을 발소리

달이 너무 밝아서 밤새 잠이 안 와서
베개를 도두 베고 창밖으로 귀를 열면
뜰 안의 단풍나무들 색동옷 벗는 소리

끝없이 뻗어가는 생각의 갈래 위에
풀벌레 고운 소리 절절히 밤은 깊고
휑하니 비워진 들녘 밤이슬 젖는 소리

바람은 소슬바람 끝없이 설레이고
무어로도 못 달랠 불면의 이 한 밤을
낙엽은 어디로 갈까 망설이는 발소리.

- 《다온문예》 제9호. 2017년

가을 아버지

벼 이삭 고개 숙인 들판을 가로질러
빛바랜 옷자락을 다독여 여미면서
가을은 황혼 속으로 떠나가는 나그네

마을 앞 천봉답에 추수하는 아버지는
한 줌의 벼에서도 굶주림을 떠올리면
그것이 낟알만이랴 금싸락만 같은 것

설레는 가슴으로 나뭇잎은 떨어지고
저무는 산과 들은 생각에 잠기는데
하늘이 높아서일까 시름 갈래 만 갈래.

- 《다온문예》 제9호. 2017년

효 앙양 작품 당선(2004. 5. 14)

개나리

따스한 양달맡에 눈을 뜨는 개나리꽃
천 따라 난이 옥이 무릇 캐던 시냇가에
올해도 어김이 없이 예처럼 다시 핀다

이제는 어른 되어 멀리 떠난 동무들
지금은 어디에서 무얼 하고 사는지
냉이와 꽃다지 캐던 그때를 생각할까

오늘은 꽃 그림자 너를 보듯 반가워서
어린 날 생각하며 나 혼자 찾아오니
개나리 노오란 잎만 물결에 실려간다.

- 1965년 5월 7일

제2회 대한민국 5·5문화상(1996. 6. 13)

겸재정선기념관

겸재의 그림에다 사천이 시를 쓰고
사천의 시를 보고 겸재가 그림 그려
우정의 화선지 위에 옮겨놓은 진경산수

새벽빛이 밝아오는 종남산의 '목멱조돈木覓朝暾'
은은한 달빛 속에 꿈결 같은 '소악후월小岳候月'
한세상 있는 이치도 뜨고 지는 일월이죠

떠도는 군상들이 오고 가는 '양화환도楊花喚渡'
아득한 눈펄 저편 필마단기 '설평기려雪坪騎驢'
인생은 뜬구름이라 그와 같이 가는 거죠

사람들은 떠나가고 강산도 변했지만
화선지에 옮겨놓은 파릉팔경 진경산수
겸재와 사천은 아직 여기 살아 있습니다.

-《강서문학》제18호. 2011년

고대국가 조문국

금성산 치마폭에 불꽃으로 타는 작약
그 사이를 헤치고 고분들이 품을 열며
여기가 조문국임을 자랑스레 일러주네

천지가 개벽한 후 지금부터 이천 년 전
화랑도의 원조격인 원화를 창설하고
강대한 부족국가로 369년간 번창했다네

정교한 금은세공으로 왕관을 제작했고
가야금에 백 년 앞서 조문금을 만들어서
부족의 태평성대를 노래하며 살았다네.

- 의성 조문국 유적지에서. 2019년 5월 11일

고향

서후면 한두실大豆西의 태생지를 가보니
내 어릴 적 살던 곳은 잡초만 무성한데
어머니 다듬잇돌만 축댓돌로 남았어요

사랑 앞에 피고 지던 모란과 옥매화며
뒤란 쪽에 살고 있던 청개구리 후손들은
어디로 떠나갔는지 흔적조차 없더군요

관솔불을 밝혀놓고 길쌈노래 부르면서
삼태성이 기울도록 삼을 삼던 내 어머니
지금은 어느 상천서 안동포를 짜실까요

돌아서 오려는데 궂은비가 내렸어요
소나기에 쫓기어서 어머니와 내달렸던
그 옛날 밭두렁길이 눈물 속에 어리데요.

-《경북신문》제2호. 2005년 3월 22일

고향을 생각하며

버리고 떠나온 지가 반세기도 넘었건만
생각 속의 고향 땅은 언제나 그날 같아
지금도 청보리밭에 까투리가 깃들련가

오는 듯 흘러가는 세월은 살과 같아
죽전동 관음절 내가 자란 그 마을이
이제는 낯이 설어서 옛 모습이 아니데

트랙터는 툴툴대며 황소 대신 밭을 갈고
모내기 힘든 일은 이앙기가 해주는데
추수한 오곡백과는 경운기가 싣고 가네

뒤란에 모셔뒀던 삼신 할매는 어디 가고
돌을 얹어 소원 빌던 서낭당 고갯마루도
허물고 포장을 하여 자가용이 오가는데

이곳을 운명으로 살다 가신 우리 부모님
목숨처럼 섬기면서 가꾸던 이 소망의 땅에
지금은 한 줌 흙으로 말없이 잠이 드셨다.

-《문협경북지회》기관지. 2009년 9월

한국창작문학 대상(2016. 8. 27)

광흥사

학가산 광흥사는 어머니가 다니신 절
지금도 그때처럼 산과 내는 그대론데
오늘은 왜 혼자냐고 하나같이 묻는다

법당의 부처님도 그때의 그 부처님
홈통을 흐르는 물도 그날과 똑같은데
어머니 한 분만 없네, 천년 고찰 광흥사

때맞춰 범종 소리 덩그렁 울려오니
산천이 몸을 틀며 그날처럼 살아나고
어디서 어머님께서 나타나실 것만 같다.

- 《한국문예》 제12호. 2025년 여름호

구름정자雲亭에서

편안한 성을 떠나 하늘로 날아올라
구름 위에 정자 짓고 학처럼 자리하니
밤하늘 기라성 같은 후학들이 모였네

자아를 발견하고 그리움을 전해주며
서로가 위로받고 아름답게 사는 길이
우리가 글을 쓰려는 이유라고 말했지

대학의 강단에선 사자후를 쏟아냈고
문단에선 선후배 간 귀감이 되었으니
모두가 우러러보는 우리 시대 큰 사람

팔팔한 기백으로 미수까지 닦아온 길
뜻하신 붕정만리 이룩해낼 그 날까지
모두의 선망 속에서 무량수를 누리소서.

- 『운정 윤재천 미수 기념문집』 2019년 4월

금강초롱꽃

아득한 옛날 옛적 금강산 골짜기에
부모를 모두 잃은 불쌍한 오누이가
약초를 캐어 팔아서 어렵사리 살았대요

채약 간 남동생이 저물어도 오지 않자
초롱을 밝혀 들고 집을 나선 누나는
밤새워 동생을 찾아 온산을 헤맸어요

그러다 지친 끝에 숲속에 쓰러져서
초롱을 밝혀 든 채 잠이 든 누나 넋이
꽃으로 피어났다는 금강초롱 우리 꽃.

-「제4회 불휘깊은문화재포럼」 시화전 2016년

금낭화

은실 금실 수를 놓은 은주머니 금주머니
부모님 진한 사랑 꿈을 담던 복주머니
그것이 꽃으로 피네 향기 가득 담고서

은자동이 금자동이 수명장수 부귀동이
부모님 큰 사랑을 담아주던 복주머니
줄줄이 걸어 놓았네, 우리 학교 화단에.

- 《소년문학》 6월호. 2010년
- 「강서구 방화동 금낭화길」 목비. 2016년

이주홍 문학상(2001. 5. 23)

금수강산

홍익의 천손들이 자자손손 가꿔온 땅
수놓은 비단같이 아름다운 금수강산錦繡江山
세계가 선망해 왔지, 한빛 밝은 이 나라

어깨에 띠 두르고 성토할 곳 찾아가서
나라가 하는 일을 생떼로 반대하면
정의의 민주투사로 보상받게 해주고

최고의 영도자도 마음에 안 든다며
폭언과 악담으로 짓밟는 무뢰배를
진보의 선군先軍이라며 치켜 주고 있으며

후배는 님이 되고 선배는 놈이라며
자식이 어버이를 죽이기도 하는 세상
말로만 인권을 파는 패륜지국 금수강산禽獸江山.

* 錦繡江山 : 비단에 수놓은 것 같은 나라.
* 禽獸江山 : 새나 짐승만 살고 있는 나라.

−《마포문학》제8호. 2014년 연간집

낙가산 보문사

번뇌 망상 씻으려고 보문사를 찾았더니
범종 인경 하늘소리 만중생을 일깨우고
극락전 삼천제불은 감로법을 설하셔요

팔을 베고 열반하신 와불전의 석존님과
사리탑을 둘러앉은 오백 분의 아라한들
이 원역 나한도량은 관음성지 부처님 땅

고해 속의 중생들을 빠짐없이 구제하여
서방정토 극락으로 인도하러 오셨다는
마애불 관음보살이 눈짓으로 반기셔요.

-《한국불교아동문학회》회보. 2010년 2월

낙동강

영남의 대동맥인 칠백 리 낙동강은
신라와 가야국을 찬란히 꽃피웠고
근대의 산업경제에 젖줄이 되었지요

가면은 다시 못 올 불귀의 노정에서
무수한 사연들을 속으로 품어 안고
아득한 산과 들녘을 관류하는 저 강물

흐르는 세월처럼 덧없는 물길 따라
영웅도 호걸들도 그렇게 떠나가고
나 또한 그님들처럼 이 강역을 갑니다

무심한 물결 위에 황혼이 드리우면
물새도 깃을 접고 잠자리에 드는데
우리는 어느 원역에 꿈을 펼쳐 볼까요.

- 《낙동강》 상주문협 洛江詩祭. 2017년

낙엽

발길에 짓밟혀서 부서지는 낙엽들
봄 여름내 꽃피우고 열매를 익혀내며
푸르고 싱싱했는데 이제는 다 놓았네

아내의 일평생도 생각하면 그러하네
집 안팎 궂은일은 도맡아 다하였고
자식들 뒷바라지도 혼자 맡아 해왔지

그러나 노쇠하여 병석에 눕고 보니
해야 할 일도 많고 미련도 끝없는데
이제는 부서져 가는 메마른 낙엽이네.

- 《한국창작문학》 제136호. 2025년

남녘에 꽃이 피면

남녘에 꽃이 피면 북녘도 화신 가고
북쪽이 단풍 들면 남쪽도 풍악인데
무엇이 틀어졌기에 너와 나는 갈렸나

멀쩡한 산과 들을 두 쪽으로 찢어놓고
너 죽고 나 살자며 죽을 짓을 다 하니
강산아 말을 해봐라. 왜 이렇게 되었나

단군의 피를 받은 우리는 단일민족
모두가 한 핏줄로 이웃도 사촌인데
어째서 천륜을 끊고 남남으로 사는가

냇물은 서로 불러 손을 잡고 함께 가고
짐승도 활개 치며 마음대로 오가는 땅
사람만 돌아섰구나. 육백여 리 휴전선.

- 《순국선열유족회》 시화전 및 낭송회. 2014년 8월

내가 먼저

고운 땅 착한 겨레 천손을 자처하며
다 같은 형제자매 하나로 살았는데
어쩌다 동서남북이 갈가리 금이 갔나

사랑을 보내어도 미움으로 받아치고
덕담을 해주어도 욕이라고 생각하니
꽃잎도 가시로 뵈는 사시안이 되었나

생각이 다르다고 남과 북이 갈라서고
차별을 당했다며 동과 서가 돌아서는
이 병을 못 고친다면 죽을 일만 남았지

마주 선 사람을 거울 속의 나로 보고
그 사람의 허물을 내 것으로 받아들여
옷맵시 한 가지라도 내가 먼저 고치자.

−《殉國》제310호. 2016년 권두시

제56회 한국문학상(2019. 12. 5)

제2부

병처를 보며

경북경찰국 민경친선 신춘문예(4292. 2. 3)

大統領 表彰狀(1980. 12. 5)

내 사랑 마포

마포에 둥지 틀고 반백 년을 살고 보니
흙 한 줌도 정이 들어 놓지 못할 사랑이라
내 열정 모두 바쳐서 너를 가꿔 가리라

서호팔경 예찬하던 아름다운 선망의 땅
하늘 높이 솟아오른 빌딩 숲을 우러르며
이팝꽃 환한 거리를 왕자처럼 걸어본다

황부자가 살았다던 그 옛날의 삼개포구
오늘은 이 원역에 뼈를 묻을 내가 되어
한 백 년 너를 섬기며 새 깃발이 되리라.

-『길을 가며 길을 묻고』기행시집. 2015년 6월 30일

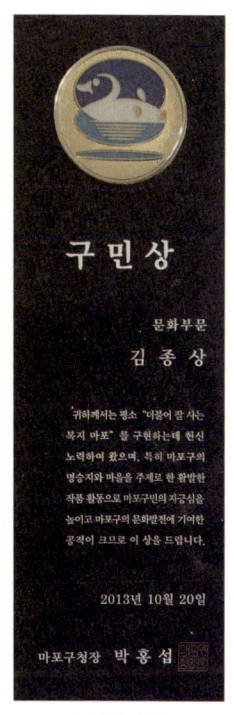

마포구민상
(2013. 10. 20)

눈 오는 날

아침부터 함박눈이 풍성하게 내린다
아내가 건강할 때 좋아하던 눈이라서
창밖을 볼 수 있도록 몸을 돌려 눕혔다

아내가 눈을 보며 아기처럼 옹알댄다
저렇게 좋은 눈을 얼마나 더 보는지
내가 갈 저승길에도 눈이 오면 좋겠다

그 말이 섬뜩해서 몸을 돌려 눕히고
눈을 보고 생각한 것이 겨우 그거냐며
소리를 버럭 지르고 커튼까지 내렸다.

- 《한국문예》 제12호. 2025년 여름호

도토리

다람쥐는 가을이면 겨울 양식 하려고
도토리를 주워서 땅속에 묻어 두지만
깜빡이 건망증으로 묻은 곳을 잊는다

도토리는 놀랍게도 기억력이 좋아서
때가 되면 싹이 터서 큰 나무로 자라나
다람쥐 먹이가 되게 도토리를 갖는다.

- 《현대문예》 제137호. 2025년 삼사월호
- 《좋은 동시 재능기부》 제6회. 2025년

시비 제막 축하(2008. 9. 19)

동구나무

정월 달 보름날에 음식을 차려놓고
신으로 받들어서 마을의 평안을 빌며
동제를 지내왔었던 신령스런 나무지

하늘을 가릴 듯이 가지를 넓게 펴고
소나기 오는 날은 길손을 불러들여
빗물에 젖지 않도록 품어주는 나무지

우람한 덩치만큼 그늘을 넓게 펴고
한여름 뙤약볕을 시원히 가려주는
다정한 친구와 같은 우리들의 나무지.

– (사)어린이문화진흥회 《소문집》 2017년

공로패(1992. 1. 25)

동화 나라

전래동화 표지문을 열고 들어가서는
하늘강 미리내의 오작교를 건너서
달나라 월궁항아를 만나보러 갔어요

계수나무 아래서 그네 뛰던 선녀들과
떡방아를 찧고 있던 귀여운 옥토끼가
반갑게 달 궁전으로 안내하여 주었어요

서왕모의 불사약을 두 개나 얻어먹고
늙지도 죽지도 않는 신선이 된 항아님이
달나라 귀한 음식을 푸짐하게 내왔어요

옥토끼가 빚었다는 오방색 달떡에다
삼천 년에 한 번 여는 천도도 있었어요
우리도 그걸 먹으면 불로장생할까요.

-《다선문학》창간호. 2017년

들판의 다락집

멀어간 기억처럼 아득해진 다락집은
사면을 모두 열어 산과 들을 들이고
물소리 멧새 소리와 더불어서 살았지

그러한 집이지만 누각은 아니었기
유생들이 한가로이 풍월을 읊조리며
시회를 베풀었다던 정자와는 달랐어

구태여 말한다면 장군의 지휘단 같아
발아래 천군만마 참외들을 굽어보며
울대에 힘을 실어서 호령하기 알맞지

할아버지 혼자서 거기를 지키다가
손자들이 찾아오면 참외 수박 따주던
한 폭의 수묵화 같은 들 가운데 원두막.

- 《농민문학》 제108호. 테마기획 「원두막」 2019년

등운산 고운사

우람한 등운산이 가부좌를 틀고 앉아
그 무릎에 절 하나를 보듬어 품었으니
의상이 창건했다는 고운사가 여깁니다

서산대사 휴정이 그 제자 사명당과
스님들을 규합하여 왜적을 무찌를 때
팔도의 승군 기지로 활용했던 절입니다

산이 높아 골이 깊고 절이 있어 존귀한 땅
부처님 오신 날을 하루 앞둔 오늘에는
물소리 바람 소리도 법문으로 내립니다.

- 초파일 전날 고운사에서. 2019년 5월 11일

마네킹

새 옷이 마련되면 제일 먼저 갈아입고
쇼윈도우에 나가서 자랑을 하노라면
오가는 숱한 사람이 모두 쳐다봅니다

사지는 않으면서 부러운 표정으로
누구나 예쁘다고 칭찬하고 지나가니
마음이 우쭐해지며 기분이 좋습니다

표정도 변함없고 미소도 붙박이에
나이도 자라남도 언제나 그대로이니
절대로 늙지를 않는 내 이름은 마네킹.

- 《도동문학》 제8호. 2023년 연간집

마애불

땅속에서 수십억 년 땅 밖에서 수억 년
바위를 집으로 하고 참선하던 부처님이
절간의 범종 소리에 깨달음을 얻으셨지

나무관세음보살 나무관세음보살
바위를 두드리며 큰소리로 외치니까
석공이 소리를 듣고 바위를 쪼아내니

빙그레 웃으시며 부처님이 나오시네
수십억 년 바위 속에 묵상하고 계시다가
비로소 마애불로서 이 세상에 오셨네.

- 《瑞石文學》 제67호. 2023년 가을호

망향가 望鄉歌

향수라 하는 것은 어머니를 그리는 정
평생을 앓았어도 처방이 되지 않는
생각에 생각을 더해 깊어가는 병이라

살같이 가는 광음 팔순을 넘고 보니
객향의 나날들은 부평초 같은 것을
옛말의 수구초심이 가슴으로 젖어오네

달구벌 영화 속에 축복된 이 영지는
선대가 대대손손 가꾸어 지켜왔고
우리가 누려 가야 할 자랑스런 가향인 것

팔공산 영마루에 자운이 드리우고
낙동강 굽이굽이 깃을 펼친 기름진 땅
어머니 사랑만 같은 너를 기려 살리라.

- 《대구톺아보기》 대구문협. 2016년

많은 인연의 끈을

아내는 밤이 되면 딸자식 생각으로
전화를 걸겠다고 나한테 조르지만
밤늦게 무엇이냐며 핸드폰을 치운다

아파서 눕고 보니 자식을 향한 정도
깊어가는 신병만큼 위중해져 가는 건가
보고픈 마음 고통이 더한 것만 같았다

자식의 효심이나 동기간 정분들도
세월의 강에 실려 흘러가기 마련이니
영원히 간직할 수는 없는 것이 아닌가

인연이 소중해도 놓지를 못하면은
그 또한 마음에서 고통을 더하나니
인연한 많은 끈들을 놓았으면 좋겠다.

-《한국창작문학》 제30호. 2023년 봄호

맹한 나라

미국산 쇠고기를 수입해 먹는 대신
청산가릴 먹겠다고 외치던 사람들은
지금은 쇠고기 대신 무얼 먹고 사는가

버젓한 집을 두고 길가에 천막 치고
가로등이 환한데도 촛불을 밝힌 이들
천막과 양초 판매를 광고하는 것인가

부채를 그냥 두고 배 째라 버텨내면
나라가 돈을 내어 그 빚을 갚아준다니
아무런 노력 없이도 살아갈 수 있는 나라

우리를 죽이려고 무기를 만드는 쪽에
더 많은 돈을 못 줘 안달이 난 사람들을
통일의 선봉장이라 치켜 주는 맹한 나라.

- 「한통문인협회」 카페. 2015년

멍한 나라

해군을 해적이라 불러도 문제없고
대통령을 귀태라고 말하는 무리들도
한나라 한 백성으로 당당하게 사는 나라

나라 상징 태극기와 애국가를 부정하고
우리를 죽이려는 상대가 쳐들어오면
그들을 도와주자고 선동해도 되는 나라

사고로 죽더라도 의사자로 예우하여
그들의 후손까지 보상하여 주라면서
거리로 몰려다니며 짖어대고 있는 나라

극단의 이기심과 탈법과 노예근성
인간이길 거부하고 존엄을 파괴하는
그러한 불한당들이 활개 치고 사는 나라.

-《문학신문 문학회 연간집》. 2014년

무궁화

첫 하늘이 열리던 이 땅의 첫날부터
겨레와 함께해온 나라꽃 무궁화가
오늘도 우리 곁에서 청아하게 핍니다

아침에 피어나서 저녁이면 지는 뜻은
나날이 다시 밝는 신선한 새 빛으로
자유와 영광을 향한 우리들의 표상이요

다섯 장 꽃잎이 붉은 심을 감싼 것은
일편단심 나라 위한 뜨거운 열정으로
화려한 조국 재건을 이룩해갈 힘입니다

하양 빨강 분홍색이 조화롭게 어울림은
지구마을 인간 가족 세계화의 오늘날에
어울려 하나가 되는 귀한 뜻을 보임이요

꽃송이의 밑 부분이 하나로 붙은 것은
우리는 말과 글과 뿌리도 하나이기
단일의 통일 조국을 기약하는 것입니다

무궁무궁 무궁화 아름다운 겨레의 얼
온 가정을 감싸 안는 어머니 자애처럼
끝없는 큰 사랑으로 피고 지는 우리 꽃.

-《무궁화 축전 낭송회》2012년 8월 10일

올해의 좋은 동시집(2016. 2. 27)

모정 母情

어떠한 좋은 옷도 남루한 차림 같고
쌀밥에 고깃국도 부실한 식사만 같아
자식은 무얼 주어도 아쉽다던 그 마음

이제는 파킨슨으로 제 몸도 못 가누고
먹는 것 입는 것도 간병사에 의지하며
도리어 가족 누구가 아플까 봐 걱정한다

그릇에 흠이 가도 제 몸처럼 아파하고
낡아서 버릴 가구도 정이 든 제거라며
함부로 손대지 말고 소중하게 두란다.

-《한국문예》제12호. 2025년 여름호

반투어 아이들

학자가 반투어 아이들 달리기를 시켰다
잘 달리는 차례로 상품을 준다고 했다
일등은 상이 많으니 힘껏 뛰라 하였다

그런데 아이들은 손을 잡고 함께 왔다
학자는 손을 놓고 각자가 뛰라고 해도
그들은 어깨를 겯고 가지런히 걸었다

이건 뭐야 달리기는 경기야 뛰어야지
그러자 아이들은 '이분투'라고 외쳤다
그들은 평등하기에 차별이란 없단다.

* 우분투 : 사하라 남쪽 아프리카 반투어에서 유래된 말로 사람들 간의 평등 관계와 헌신을 중시하는 아프리카 전통 윤리 사상이자 평화운동의 사상적 뿌리이다.

-《강서문학》제35호. 2023년 연간집

병석의 아내

간병사가 곁에서 밤낮으로 돌보지만
병석의 아내는 누워만 지내게 되니
자기가 가진 영토는 전동침대 하나다

나날이 더해가는 병고를 어찌하랴
웃음으로 위로코자 눈길을 마주해도
웃음이 어떤 것인지 그것마저 잊었다

구름이 짙을수록 흐려지는 날씨 마냥
한 사람의 환후가 비구름보다 무거워
모두가 적막강산에 묵언수행 중이다.

-《시맥時脈》제2호 2025년 봄호

병처病妻를 보며

봄 여름내 푸르름을 자랑하던 풀나무도
철이 가면 손을 털고 빈 몸이 되듯이
인생도 황혼에 들면 너나없이 그렇지

아내는 팔십 준령 고빗길에 가을나무
쇠잔해진 몸으로 노을을 바라보며
잔명을 손꼽아보네, 애처로운 사람아

살아갈 나날들이 쇠털같이 많다 해도
내일의 대비라며 손톱으로 여물 썰듯
쌀 한 톨, 물 한 방울도 금쪽인 양 했는데

매서운 설한풍에 쓰러진 오늘에는
불 맞은 사슴처럼 웅크리고 누웠으니
푸르던 나의 원역도 눈바람만 설친다.

-《한국창작문학》 제30호. 2023년 봄호

소월문학상 본상(2012. 10. 6)

제3부

부모님 유택

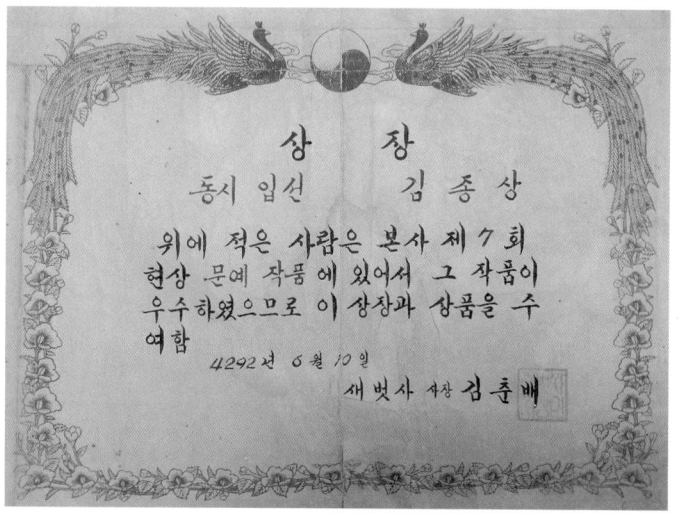

새벗 작품공모 동시 입상(4292. 6. 10)

올해의 좋은 동시집(2009. 2. 14)

보릿고개의 추억

오뉴월 해는 길고 양식은 떨어지고
허기진 배를 안고 풋보리를 씹던 날은
갈모봉 외진 골짜기 뻐꾸기가 울었지

한목숨 섬기기가 왜 그리도 곤했던지
뼈마디가 저리도록 씨뿌리고 김매어도
관음절 메마른 땅엔 거둘 것이 없었어

논밭에 매인 운명 고달픈 인생살이
묵혀온 한이 많아 보리피리 꺾어 불면
삘릴리 애잔한 소리 산과 들이 흐느꼈네.

- 《농민문학》 2012년 6월 3일

보문사를 찾았더니

낙가산 보문사 일주문을 들어서니
먹물 장삼 바위들은 안거에 들었는데
맨발로 마중을 나와 합장하는 아기다람쥐

천공을 쳐서 울려 만중생을 일깨우고
창랑을 다독여서 잠재우는 범종 소리가
세속에 찌든 삶일랑 헌 옷처럼 버리라 하네

팔을 베고 열반하신 와불전의 석존님과
사리탑을 둘러앉은 백옥의 아라한들
여기는 나한도량의 관음 성지 부처님 땅

마음속에 원이 깊어 법당을 찾았더니
극락보전 삼천불은 감로법을 설하시고
추녀 끝 녹슨 풍경도 경을 읽어 위안인데

고해의 중생들을 빠짐없이 구제하여
서방정토 극락으로 인도하러 오셨다는
마애불 관음보살이 나를 반겨 웃더이다.

*보문사 : 강화군 석모도에 있는 절임

-《한국불교아동문학회》제25호. 2010년 2월 28일

소천아동문학상 본상(2016. 5. 3)

부모님 곁으로

살림이 궁한 때엔 아내는 머슴이었지
양식을 구해오고 땔나무도 끌어오고
젊을 때 살림살이는 그렇게 꾸려왔지

이제는 둘이 같이 구순을 바라보니
떠날 때는 손 잡고 함께 가길 바랐는데
어째서 병상에 누워 먼저 가려 하는가

생전에 못 모셨던 부모님 두 분 곁에
우리가 갈 자리를 마련해 두었으니
다 같이 한날한시에 뵈러 가고 싶구나.

– 제24회 지역문학인교류대회 《간행물》 수록. 2024년

한국문예 문학 대상(2019. 12. 6)

부모님 묘소

일평생 곤한 삶을 한 뼘 땅에 의지하고
아버지는 논을 갈고 어머니는 김을 매며
삼 남매 자식을 위해 모든 것을 바쳤다

농부로 물려받은 가난이란 유산으로
굶주림이 운명이던 보릿고개 눈물고개
송피죽 한 수저라도 자식만을 먹였다

그렇게 살아오신 어머니 아버지는
저세상에 가서도 살던 곳을 못 잊어
자기들 가꾸던 땅에 함께 누워 계신다.

- 《한국문예》 제11호. 2025년 봄호

부모님 유택

어머니 아버지가 나란히 누워 계신
막골의 유택에도 또다시 봄이 오니
파랗게 풀이 돋아서 새 단장을 하였다

평생을 그 땅에서 땀을 흘린 분들이라
계절이 돌아오면 가만있진 않을 거다
생전에 하시던 대로 일을 하러 갈 것이다

아버지는 새벽같이 누렁이와 같이 나가
둘이서 밭을 갈거나 퇴비를 낼 것이고
아니면 모판에 가서 피사리를 할 것이다

어머니도 호미 들고 텃밭으로 가셨겠지
채소도 매만지고 거름도 줄 것이며
울바자 호박순들도 손을 잡아 거두겠지

아버지 어머니는 유택에 계시어도
생전과 다름없이 계절에 맞추어서
밭 갈고 씨앗 뿌리며 내 생각을 하실 거다.

-《現代時調》제139호. 2019년

京鄕師道賞(1985. 4. 18)

비익조 比翼鳥

똑같은 조상에서 다 같은 피를 이어
하나의 말을 하고 똑같은 글을 쓰며
반만년 함께 살아온 우리들은 한 겨레

유일한 단군 자손 자랑스런 전통 위에
모두가 배달 겨레 피가 같은 단일민족
누천년 같이 살아온 너와 나는 동기간

생각이 다르다고 서로가 틀어지고
이념이 틀린다고 원수가 될 수 있나
우리는 합쳐야 사는 비익조가 아니냐.

-《한국현대시》제29호. 2023년 하반기호

뻐꾸기

뻐꾹 뻐꾹 뻐뻐꾹! 뻐꾸기란 새는요
집도 없이 살면서 남의 집에 알을 낳아
거기서 키워주도록 버려두고 가버려요

뻐꾹 뻐꾹 뻐뻐꾹! 뻐꾸기 울음소리
뻐꾸기는 안 보이고 소리만 들리네요
소리도 알을 버리듯 내버리고 갔나 봐요.

-《한국시낭송회의》제138회. 2014년 7월

동시집 발간 기념패(2017. 12. 30)

사람만 너와 내가

한라와 백두산은 남과 북 끝인데도
누천년 변함없이 한 이웃 아낙처럼
서로가 물동이까지 다 같이 이고 있다

한강과 임진강은 발원지도 따로이고
남쪽과 북쪽으로 다른 곳을 흐르지만
끝내는 양수리에서 한줄기로 합친다

뿌리는 하나라도 줄기는 다르다며
사람은 너와 내가 원수가 되었으니
무엇이 잘못이기에 이래야만 하는가.

- 《現代時調》 제151호. 2022년 겨울호

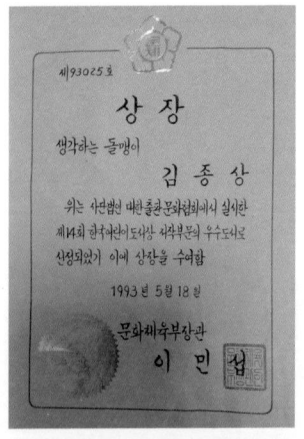

한국어린이도서상(1993. 5. 18)

산다는 것은

우리가 한세월을 산다고 하는 것은
땀과 피와 눈물로 굶주림을 때우는 일
아무리 노력을 해도 지나가면 빈 그릇

우리가 한평생을 누린다고 하는 것은
희망과 이상으로 미래의 꿈을 향해
마음을 부풀리지만 돌아보면 빈 풍선

우리가 한세상을 보낸다고 하는 것은
비바람 눈 서리를 견뎌내는 것이지만
지나고 되돌아보면 구름 걷힌 빈 하늘.

-《淸溪文學》제48집. 2025년 봄호

생각만은

수면제에 의지해서 겨우 자던 아내가
먼동도 트기 전에 일으켜 달라면서
자기가 해야 할 일이 급하다고 하였다

급한 일이 무어냐고 다그쳐 물어보니
소여물 주는 것과 농기구 챙길 일도
서둘러 해야 된다며 실제처럼 말했다

몇 년간 병석에 누워 운신도 어려워져
세상과는 멀어지니 너무도 서러워서
젊을 때 하였던 일을 현실로 느끼나 봐.

-《경북펜문학》제18집. 2024년 연간집

생각 좀 해보자

반만년의 유산인 토끼 길이 건재한데
고속도로를 닦으면 나라가 망한다며
일터에 드러누워서 생떼 쓰던 선량들

도롱뇽이 죽게 되니 터널도 뚫지 말고
바윗돌을 훼손하는 항만도 못 한다며
죽자고 반대만 하면 어쩌자는 것인가

군사기지 확장이나 방폐장 건설에도
자연이 파괴되니 막아야만 한다면서
주야로 시위를 하는 눈물겨운 충정들

주민이 불편하니 송전탑도 안 되고
첩자를 잡는 일도 인권의 침해라니
그러면 어째야 하나 대책들을 내놔라.

-《現代時調》겨울호. 2018년

석모도에서

강화도 착한 섬이 배 한 척을 두었으니
서쪽의 바닷가에 석모도가 그것이지
낙가산 푸른 돛대를 우뚝 세운 나룻배

결 고운 바닷바람이 돛폭을 부풀리면
극락도로 떠오르는 보문사 관음 성지
마음을 씻어 내리는 독경 소리 목탁 소리

나룻배가 향하는 피안의 저 원역은
먹고 입고 쓰는 것이 뜻대로 되는 세상
끝없이 행복한 날만 계속되는 극락정토

강화도 착한 섬이 띄워둔 석모도는
아미타 부처님께 귀의한 중생들을
무량한 정토 세계로 인도하는 나룻배.

-《다온문예》제9호. 2017년

세상을 보는 눈

외눈박이 거인은 세상을 반만 볼까
겹눈이 몇만 개인 곤충은 어떠할까
보는 눈 수가 달라도 보이는 건 같은데

어째서 사람들은 같은 것도 달리 볼까
흰 것도 검다 하고 곧은 것도 굽다 하며
바르게 보는 사람을 이상하게 몰아가니

거울로 얼굴 보듯 모든 것을 바로 보자
비치는 제 얼굴을 다르게 보지 않듯
세상을 있는 그대로 보는 눈을 가지자.

- 《청계문학》 제20호. 2018년

감사패(2022. 10. 18)

송파진을 보며

겸재의 진경산수 '송파진' 그림에는
산의 품에 안겨있는 초가와 기와집들
잔잔한 강물에 실린 한가로운 돛단배

그때의 송파진은 한강의 나루터로
한성에서 광주까지 물길을 열어두고
배들이 무리를 지어 드나들던 곳이었지

세상은 한 폭 그림 지우고 고쳐 그려
나루가 있던 자리는 롯데가 들어서고
한 가닥 물길은 남아 석촌호가 되었네.

-「겸재정선문화재 시화전」. 2018년

수구초심 首丘初心

낳으신 부모님은 고향에 남겨두고
혼자만 살겠다고 객지를 떠돈 지가
어느덧 한평생이네, 누더기로 산 세월

어린 날 고향에선 연분홍 꽃으로서
나날이 빛을 더해 고와가던 산과 내
그때는 세상 모두가 나를 위한 거였지

세월은 매정해서 기다리지 않으니
부모님도 떠나시고 내 삶도 시들어서
옛말의 수구초심이 바로 나의 현재네.

-《淸溪文學》제47호. 2024년 겨울호

쓰레기

아내의 지난날을 되돌아 생각하니
소태같이 쓴 데다가 고추처럼 매워도
사는 게 그런 거라며 참으면서 지냈지

사람이 태어나서 산다는 게 무언가
한세상 지난 일은 풍우 속을 걷는 길
아무리 잘살아 봐도 남은 것은 잔해뿐

하고픈 일 미루고 먹을 것도 참으면서
나보다 자식 생각, 가족 위해 아꼈는데
늙어서 병들고 보니, 쓰레기 취급이네.

- 《지필문학》 제66호. 2023년 가을호

아내의 걱정

아내의 앓는 소리는 내 가슴을 에인다
평생을 같이 가길 약속하고 만났는데
어째서 먼저 가려고 서두르고 있는지

정신을 가다듬고 힘을 내라 위로해도
간신히 눈을 뜨며 힘없는 어눌한 말로
아직은 갈 수 없으니 요란 떨지 말란다

때맞춰 먹을 것과 입을 옷 챙기기도
자기가 가고 나면 어떻게 할 것인지
그것도 걱정이어서 떠날 수가 없단다.

- 《한국문예》 제12호. 2025년 여름호

아내의 치매

치매를 앓는다면 잠잠할 줄 알았는데
듣고 보고 생각한 걸 모두 다 하려 하니
아무도 아내 비위를 맞추기가 어렵다

거동도 못 하면서 살림은 자기 거라며
대화도 어려운데 요구는 많고 보니
주변의 어느 누구도 들어주기 힘든다

볼일도 없으면서 아무 데나 전화 걸어
한 말을 반복하며 끊지를 아니하니
모두가 전화 통화도 피하려고 한단다.

-《시맥時脈》제2호 2025년 봄호

제4부

오방색 단풍

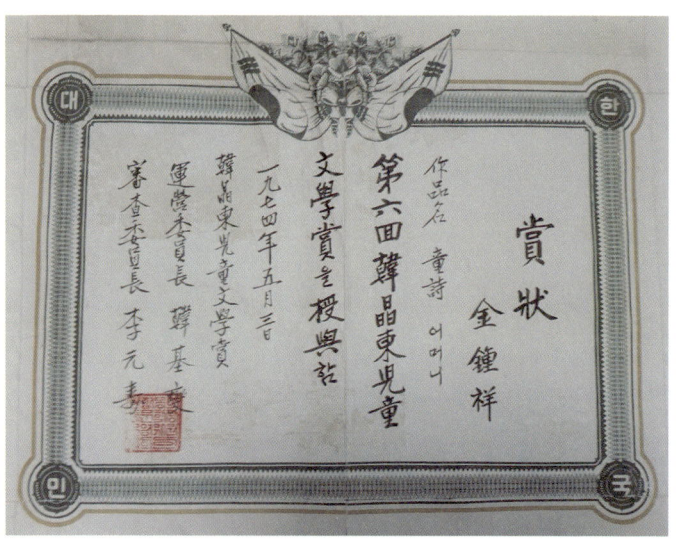

韓晶東兒童文學賞(1974. 5. 3)

자랑스러운 동문상(2003. 3. 23)

아내의 파킨슨

아내를 밤낮으로 간병하는 요양사가
병상 곁 침대에서 지켜보고 앉아서
아기를 돌봐주듯이 얼러줘야 합니다

팔다리가 마비되어 일어설 수도 없고
음식이 목에 걸려 넘기지 못할 때는
어떻게 할지를 몰라 안절부절못합니다

파킨슨의 증상은 종잡을 수 없어서
두통과 복통으로 고통도 반복되고
시력과 청력 장애도 오락가락합니다

– 제24회 지역문학인교류대회 《간행물》 수록. 2024년

아픔의 열매

끝없이 몰아치는 파도에 쓸리면서도
조개가 살을 저며 진주로 다듬듯이
어머니 뼈를 깎아서 내 몸을 빚으셨지

고갯길 굽이굽이 낙엽으로 지는 세월
어머니는 나 하나를 가슴에 품어 안고
세상에 다시없는 양 하늘처럼 받들었지

조개는 버려져도 진주는 남아있어
생명의 빛으로서 사랑을 받지마는
어머니 아픔의 열매 나는 지금 무얼까.

- 《한국시학》 제47호. 2018년

암은행나무

가로수로 알맞아 많이 심는 은행나무
은행알이 익으면 구린내가 난다고
열매를 맺지 못하는 수나무만 심잔다

참으로 장한 생각을 누구가 했었는지
그 사람은 우리가 세상을 살아가는데
여자는 필요 없다고 생각하는 것일까

남자가 혼자서도 안팎 일을 다 하고
아기도 혼자 낳아 젖 먹여 길러내어
후대를 이어나갈 수 있다는 생각일까?

나무는 삽목으로도 종족을 잇겠지만
사람을 대상으로 그런 짓을 한다면
인류를 멸종시켜줄 천재적인 발상이다.

* 銀杏나무 : 은행나무는 병충해에 강하고 잘 자라서 가로수로 좋다. 公孫樹, 杏子木, 鴨脚樹라고도 하는데, 암수가 달라 암나무만 열매를 맺는다.

－《自由文學》제129호. 2023년 가을호

애국가를 들으며

"동해물과 백두산이 마르고 닳도록…"
학교길의 우리들은 걸음을 멈추고
단정한 자세로 가슴에 손을 모은다

논밭의 농부들도 괭이를 잡은 채
허리를 펴고 하늘을 우러러본다
나라 사랑의 마음이 뜨겁게 끓어 오른다

"하느님이 보우하사 우리나라 만세."
애국가는 마을과 마을을 누비면서
들판과 산을 넘어서 끝이 없이 퍼진다

들꽃도 머리 숙여 마음을 가다듬고
산에 들에 나무들도 가지를 여미면서
모두가 나라 은혜를 하나같이 생각한다

"대한 사람 대한으로 길이 보전하세."
오대양 큰 물결을 헤쳐가는 배에서도
육대주 낯선 일터의 어떠한 곳에서도

우리가 가는 곳이면 그 어디에서나
애국가를 들으며 조국을 생각한다
뜨거운 벅찬 감격에 두 주먹을 불끈 쥔다.

- 1974년 3월 1일

한국어린이문화대상 본상(1992. 5. 5)

어떤 풍경화

초가집 용마루에 노을 비낀 적막이며
감나무 가지 끝을 감아 도는 저녁연기
어릴 적 내가 자랐던 관음절의 두메 마을

땅 갈아 밥을 먹고 샘 파서 물 마시고
움막 같은 집이라도 부모님과 함께일 땐
둘레의 푸른 숲에는 학이 와서 깃들었지

그 집을 버려두고 부모님은 떠나시고
나 또한 삶을 따라 이렇게 뜨고 보니
고향은 빗물에 젖어 발에 밟힌 휴지네.

- 《한국창작문학》 2019년 여름호

어떻게 이런 일이

남북전쟁 참전용사 월 수당 십여만 원
민주화 보상액은 수십억도 넘는다니
누구가 호국 전선에 용진 하려 하겠나

연평해전 보상액은 삼천에서 육천만 원
여객선 피해자는 팔억에서 십여 억이니
나라를 위한 희생은 창피스런 일이네

나라 세운 대통령은 동상마저 깨부수고
미군 차 역사 轢死에는 추모비도 세운다니
이보다 기막힌 일이 또 어디에 있을까

잎 한 장 더 피워서 청산을 가꾸었고
꽃 한 포기 더 심어서 꾸며놓은 강토에
어째서 이런 바람이 몰아치게 됐을까.

-《강서문학》연간집. 2016년

어머니가 고향이다

두통과 오한으로 신음하던 초학도
금계랍 조금이면 씻은 듯이 가셨지만
가슴을 찢는 향수鄕愁는 어찌해야 멎을까

산도 들도 마을도 예처럼 있지마는
고향 집 쪽마루에 길손처럼 걸터앉아
아쉬운 세월의 정을 염주처럼 굴려본다

흘러간 날과 달이 어떻게 돌아오랴
어머니 없는 마을은 사라진 세월이니
나에겐 어머니가 곧 고향이었던 것이다.

* 초학 : 학질.
* 금계랍 : 염산과 키니네를 화합하여 만든 바늘 모양의 흰 가루.
  쓴맛이 나며 학질, 신경통, 감기 따위에 해열 및 진통제로 쓴다.

- 《淸溪文學》 제46호. 2024년 가을호

어머니의 길

안경은 닦아야만 세상이 밝아오고
보청기는 갈아야 소리가 새로운 법
구름도 하늘을 가며 걸레질을 하네요

가족의 수복강녕을 날마다 빌어주던
조선백자 정화수에 떠오르던 만수무강
어머니, 그 치성으로 밝아오던 우리 집

사방은 녹수청산 내 살아 오늘인데
먼저 가서 기다리실 어머니를 만나면
그 품에 아기 때처럼 안겨보고 싶어요.

-《現代時調》제158호. 2024년 겨울호

어머니의 흔적

예그린 전시관에 안동포 삼베옷이
어머니 손수 짓던 홑적삼 그 옷이네
등짝이 땀에 절어서 삭아 해진 저고리

민속촌 초가집에 검정색 코고무신
찢어진 뒤꿈치를 무명실로 꿰맨 데다
밑창을 땜질해 신던 어머니의 것이네

농협의 진열장에 전시된 낡은 호미
산밭에 김을 매던 어머니 호미이네
곳곳이 남아있었네, 어머니의 흔적이.

- 《다온문예》 제5호. 2016년

연蓮을 보면

연꽃은 한 대궁에 한 송이만 피어나고
꽃대가 갈라져서 나눠지는 일이 없이
하나의 대궁에서는 한 송이만 허락한다

연잎도 한줄기에 잎이 한 장씩이라
잎줄기가 나뉘어 가지가 생기거나
줄기에 잎이 여러 장 피는 일도 없단다

잎이나 꽃이 모두 한 줄기에 하나이기
천상천하유아독존天上天下唯我獨尊
세상에 오직 나만이 하나뿐인 존재다.

- 《불교문학》 제29호. 2024년 봄호

엽서 한 장

우체부가 건네주는 조그만 엽서 한 장
전학 간 친구 생각 마음부터 설레네
이제야 소식 왔구나 기다리고 있었더니

갸름하고 예쁘장한 눈에 익은 작은 글씨
민들레가 돋았단다. 개나리가 피었단다
글자로 속삭여주는 다정스런 네 목소리

봄 오는 오솔길 같은 우리들 정든 곳에
너와 함께 심어놓은 우정의 씨앗 하나
파랗게 싹이 돋았네. 노랑 빨강 꽃이 피네.

- 《아동문학연구》 봄호. 1998년

대한민국 동요사랑 대상(2018. 7. 21)

오늘날의 학교

우리가 아기일 적 지난날 노인들은
책보에 도시락을 짐짝처럼 둘러메고
아무리 먼 학교라도 걸어서만 다녔다

요사이 우리들은 교과서도 교실에 두고
점심은 급식을 하니 전부가 맨몸이지만
가까이 있는 학교도 스쿨버스로 다닌다

담임한 선생님도 기분에 안 맞으면
부모님께 말하면 당장에 갈아치우니
교사가 반 아이들의 비위를 맞춰야 한다.

-《清溪文學》 제48집. 2025년 봄호

오방색 단풍

멀지 않아 헤어질 어여쁜 잎들에게
나무는 색동옷을 갈아입혀 주니까
잎들은 오방색으로 갈피갈피 물듭니다

잎들은 떨어져서 길가에 모여앉아
어디로 가야 하나 망설이고 있는데
바람이 달려와서는 쓸어안고 갑니다.

-《소년문학》 제303호. 2018년

紫井 文學 藝術賞(2017. 12. 18)

우리 공무원 수

공무원公務員이라는 직책의 사람들은
국가와 지방자치단체의 사무직원으로
국민을 위한 봉사와 편의를 위해 있다

그래서 공무원은 국민의 세금으로
급료를 받으니까 우리의 고용인인데
실제는 권위 의식을 갖는 일도 흔하다

그보다 큰 문제는 수가 너무 많은 거다
미국은 인구 3억 2천만에 80만 명인데
우리는 5천 2백만에 공무원이 100만이다.

* 일본은 인구 1억 2천만에 공무원 수 30만 명인데 우리는 공무원을 100만으로 늘린 대통령이 있다.

우리네만 왜

먼바다 물 건너에 조그만 섬나라는
섬나라 말을 하고 섬나라 글을 쓰는
섬나라 사람들만이 하나 되어 잘 산다

대륙의 넓은 터에 자리한 큰 나라도
큰 나라말을 하고 큰 나라 글을 쓰는
큰 나라 사람들끼리 굳게 뭉쳐 잘 산다

아름다운 금수강산 우리네 땅에서는
우리네 말을 하고 우리네 글을 쓰는
우리네 사람들끼리 헐뜯으며 싸운다.

-《現代時調》제151호. 2022년 겨울호

우리네 조상들은

우리네 조상들은 살림집을 지을 때는
함께 사는 가축들도 마음대로 드나들게
출입문 아래쪽에는 개구멍을 두었대요

우리네 조상들은 과일을 딸 때에도
추위 속에 굶주릴 겨울새를 생각해서
까치밥 한두 개쯤은 가지 끝에 남겼대요

우리네 조상들은 개숫물을 버릴 때도
맨살로 사는 벌레들 살을 델까 걱정해서
지렁이 눈먼다면서 물을 식혀 버렸대요.

- 《다선문학》 창간호. 2017년

웃음거리

우리는 배달민족 단군의 자손이라
영원히 이 땅에서 함께 살 가족인데
이것이 무슨 꼴이냐 두 토막이 됐으니

너와 나 반만년 간 이웃으로 살았는데
가운데 금을 그어 두 쪽으로 갈라놓고
사람도 둘로 나눠서 돌아서게 했으니

오늘도 금을 두고 서로를 노려보며
너 죽고 나만 살자 악을 쓰고 있으니
세계의 웃음거리가 되고 있지 않는가.

- 《문학과 통일》 제10호. 2024년 연간집

6·25 형제상

6·25 때 치열한 치악산 전투에서였다
모두가 죽자 살자 뒤엉겨 싸우다 보니
피아를 구별할 수 없는 아비규환이었다

한국군 제8사단 박규철 소위와
북한군 제8사단 박용철 하전사는
서로가 총을 쏘려다 깜짝 놀라 멈췄다

두 사람은 총을 집어 던지고 달려들었다
쏟아지는 총탄 속을 끌어안고 뒹굴었다
그들은 남과 북으로 갈려 살던 형제였다

적으로 만난 싸움터에서 하나가 되었다
이들 형제상은 용산 전쟁기념관 입구에
화해와 사랑과 용서 상징으로 서 있다.

- 「6·25 육십 주년을 맞아」 2010년 6월

韓國文學同好會(1975. 1. 1)

제5부

통일 바느질

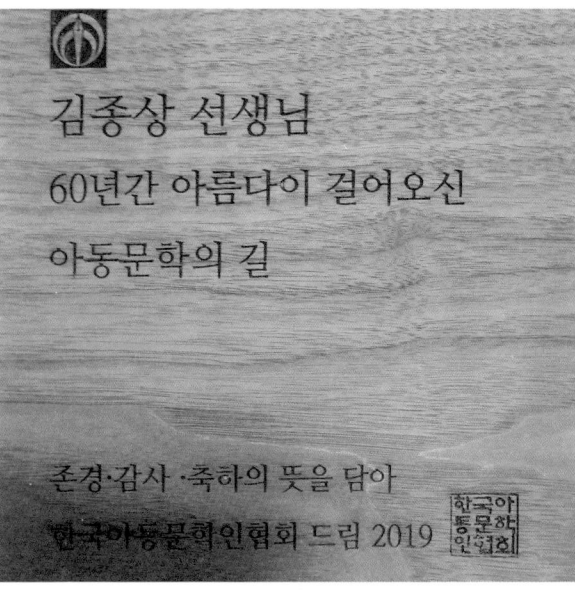

존경 · 감사 · 축하의 뜻을 담아(2019. 12)

눈솔상(2005. 9. 15)

을사 신년

오늘도 어제처럼 밤이 가고 해가 뜨고
잎 벗은 나무들도 변함이 없는데도
모두가 마음이 들떠 술렁이고 있단다

언제나 날이 새고 하루가 다시 와도
가족들 모습이며 이웃들도 그대론데
오늘은 다르다 한다. 새로 밝는 날이란다

영원히 반복되는 밤과 낮은 같지만
지금은 송구영신 신년을 맞이하는
하늘이 다시 열리는 새 아침의 새해란다.

-《문화와 문학타임》제50호. 2025년 봄호

의성 사촌에서

의성은 이름처럼 의를 쫓는 읍성으로
강토를 침략해온 도적 떼를 무찌르고
사직을 지키기 위해 피를 바친 땅이다

사촌은 그럴 때에 앞장섰던 마을로서
구성산 전투에서 산운천변 싸움까지
두 달간 대일항전을 주도했던 곳이다

그것을 알아보러 기념관을 들어서니
도적의 총칼 앞을 맨손으로 막아섰던
의병의 살신보국에 온몸이 떨려왔다.

- 의성 사촌에서. 2019년 5월 11일

이것이 인생이네

등산을 시작할 땐 물병을 들고 갔지
친구들이 늘어나자 물통이 등장했고
오르는 산길마저도 높이를 더해갔어

점점이 불어나는 친구들의 수효만큼
등산가는 거리와 물통도 커져 갔고
높은 산 정상에 올라 얏호! 까지 외쳤지

그러다 세월 가니 등산길이 줄어들고
물통도 작아지고 친구들도 떨어진 후
기력도 쇠해지면서 요양원을 찾아가네.

- 《詩歌흐르는서울》제77호. 2023년 5월
- 《한국시낭송회의》제205회. 2023년 6월

이래서 되겠는가

허기져 누워있는 가족들을 먹이려고
나무껍질 벗기고 풀뿌리를 캐러 가도
민둥산 메마른 땅엔 그것조차 어려웠지

굶주려 부황 나서 누렇게 들뜬 몰골
불거진 광대뼈에 퀭하게 꺼진 눈으로
밥솥에 녹을 긁으며 한숨짓던 지난날

동남아 후진국도 떼쓰는 아기들을
한국에 보낸다고 겁을 주어 달랬다는
뼈아픈 비웃음에도 해줄 말이 없었지

가난이 분복인양 축생처럼 살던 것을
신명을 다 바쳐서 잘 살도록 해준 분을
희대의 독재자라며 까뭉개야 되겠는가.

-《現代時調》2018년 겨울호

이 우매를 어쩌랴

일제는 우리 땅에 쇠말뚝을 박아서
지맥을 잘라내고 정기를 눌러 막아
강산에 흐르는 기를 끊으려고 했는데

지금은 쇠사슬로 허리를 묶어놓아
강토는 기가 막혀 일월도 돌아가니
일제의 쇠말뚝보다 몇 배나 더 가혹하지

흐느끼며 흘러가는 남과 북의 강줄기와
등마루가 잘린 채로 돌아누운 산맥이며
바다와 하늘마저도 찢어놓은 잔혹사여

기맥이 잘린 지도 어느덧 칠십여 년
사경을 넘나드는 강토는 외면한 채
너 죽고 나만 살자는 이 우매를 어쩌랴.

-《강서문학》 연간집. 2016년

이육사 문학관

생각도 물이 드는 오월의 신록 속을
통일문협 문우들이 나라를 걱정하며
애국시 '광야'의 시인 이육사를 뵈러갔다

버스는 영주에서 소로길로 들었는데
어떻게 아셨는지 육사님은 정장을 하고
'절정絶頂'의 시비 앞에서 기다리고 있었다

육사님을 뵈옵고 전시실을 보는 동안
문학과 독립운동과 순국의 순간까지가
생생히 되살아나서 어금니가 꽉 물렸다.

– 안동 이육사문학관에서. 2019년 5월 11일

이쪽과 저쪽

나라가 토막 나서 두 쪽이 되고 보니
사람의 마음들도 반으로 갈라져서
서로가 등을 돌리고 원수로만 여긴다

휴전선 철조망은 땅바닥만 막았는데
하늘도 바닷길도 꽁꽁 막혀버려서
우리의 하늘 바다도 가고 오지 못하고

이쪽은 민주주의 국민들이 사는데
저쪽은 공산주의 인민들이 있어서
우리의 푸른 산하가 붉어지길 바란다.

- 《문학과 통일》 제10호. 2024년 연간집

小派 方定煥文學賞(2007. 5. 26)

일본을 훈계함

건곤이 열리면서 여명이 밝아오던 날
굽이치는 물이랑에 푸른 갈기 휘날리며
독도는 그렇게 왔다. 자랑스런 우리 땅

반만년 긴 역사의 긍지를 받들어서
동해를 지켜 앉은 독도는 천부의 섬
배달의 젖줄을 물고 성장해온 우리 혈육

그 섬이 제거라니 개가 웃지 않겠는가
억지를 부리지만 그게 어찌 말이 되며
생떼를 쓰는 일에도 정도가 있어야지

내 것도 내 것이고, 네 것도 내 것이란
놀부를 조롱하는 아이들의 노래처럼
너희가 하는 행티가 바로 그와 같구나

광기로 몰려왔던 임진란과 정유재란
우리를 강점했던 삼십오 년 미친 통치
그 일을 반성 못 하고 다시 도진 광기냐

지구마을 인간 가족 세계화의 오늘에는
서로가 도와가며 함께 가려 애쓰는데
너희는 어찌하여서 이 흐름을 역행하나

독도는 지증왕 때 신라에 합친 뒤로
도쿠가와 막부 때도 인정하지 않았느냐
독도는 우리 땅이다. 역사들이 증거다.

- 《독도의 옷자락 돛폭처럼 그립다》 2011년 독도전

임진강

강물은 깊을수록 소리가 없다지만
속으로 흐느끼며 울며 가는 강이 있다
애절한 그 한 소리로 수척해진 이 산하

물길은 넓을수록 고요히 흐른다지만
강심에는 격랑을 품은 통한의 강이 있다
얼마나 앓고 나야만 치유될까 한 소망

오늘도 가는 세월은 또 하루가 저물어
물결은 핏빛으로 뜨겁게 끓고 있나니
통일을 갈망하면서 울며 가는 임진강.

-《한국현대시》제29호. 2023년

전쟁놀이

학교가 파하면 놀이터로 달려가서
장난감 총을 들고 쏘아대고 쓰러지고
아이들 전쟁놀이는 참으로 재미있지

숙제하다 쉴 때에도 컴퓨터 게임하면
전자총 한 방으로 모두가 쓰러졌다가
다시금 살아나오는 신이 나는 놀이들

나라나 사람 간에 벌이는 싸움들도
놀이나 게임처럼 어울려 즐기다가
우정을 다짐하면서 끝낼 수는 없을까.

- 《문학타임》 제33호. 2019년

절에서

동자승이 쓸어놓은 깨끗한 절 마당에
나무가 잎을 몇 장 떨어뜨려 놓네요
너무나 깨끗하면은 깨끗함을 모른다고

법당의 추녀 끝에 풍경을 달아놓고
바람이 오며 가며 댕그랑 흔들어요
고요도 지나치면은 고요함을 모른다고.

스님들은 선방에서 참선을 하신다며
가부좌로 앉아서 긴 밤을 지새워요
고행은 체험해 봐야 어떠한지 안다고.

- 『꽃의 마음』 대양미디어. 2010년

제비 가족

우리 집 추녀 밑에 제비가 터를 잡고
찰흙을 가져다가 동그랗게 벽을 쌓아
단칸방 오두막집을 예쁘게도 지어요

벽 둘레가 완성되자 집안을 손질하고
방안은 고운 깃털로 폭신하게 깔더니
정답게 제비 부부가 새살림을 차려요

며칠이 지나더니 아기 제비를 낳아서
엄마 제비, 아빠 제비 먹이를 구해오고
신명을 모두 바쳐서 지성스레 키워요.

- 시조전문지《시맥時脈》제5호 2025년 겨울호

짚신 정신으로

봄바람 가을비야 철 따라 바뀌지만
당신이 걷는 길은 언제나 푸른 여정
지나온 구비 길마다 자명등自明燈이 되었지요

성씨姓氏가 대언오大言吳라 말씀에 힘이 넘치고
이름이 동춘東春이니 빛과 삶의 근원이라
당신이 임하는 곳엔 새 생령生靈이 트였지요

강단講壇에선 열강으로 사자후獅子吼를 쏟아냈고
교회에선 만인에게 복음福音을 전파하며
믿음과 가르침의 길에 신명을 다 했지요

말과 글은 자존이고 겨레의 정신이라
그것을 못 지키면 자신마저 잃는다며
외곬로 한글 사랑에 진력해온 한글학자

언제나 애국가는 사절까지 다 부르고
도산의 나라 사랑을 받들어 기리자며
포은의 일편단심을 강조해온 큰 스승

대학의 교수로서 문단의 원로로서
짚신 정신 받들어서 민족혼 높이자며
문학도 민족 시가만 고집하는 노시인

전국에선 장로연합 으뜸 자리 부회장에
지역에선 화성교회 시무장로 위치이니
하나님 사랑 속에서 무량수를 누리소서.

-「송골 오동춘 산수기념문집 축시」, 2017년

찡한 나라

그들은 핵 개발을 한 적도 능력도 없다
지원금이 그런 일에 쓰인다고 선동 마라
그렇게 퍼다 준 이는 큰 상 받고 영웅 되고

나라 세운 국부와 애민의 통치자는
죄인처럼 몰아가며 짓밟고 비방하니
세상에 이런 민족이 또 어디에 있을까

6·25 참전 수당은 한 달에 십팔만 원
민주항쟁 피해자는 수억 원씩 주었으니
호국의 영령이란 건 부끄러운 말이네

연평해전 순국 장병 삼천만 원 보상하고
여행 중 죽은 사람 십억 넘게 배상하니
조국을 위한 희생은 죄만 같은 일이네

전국을 수용소로 인민은 인질로 한
세습의 독재자에게 꼬리치는 자들이
당당한 대우 받으며 군림하는 찡한 나라.

- 2003년 6월 29일

대한민국 창작국악동요 대상(2025. 1. 17)

징한 나라

폭행한 선량님은 굽실대며 배행하고
얻어맞은 여항인만 잡아다가 문초하는
경찰은 그렇게 해서 개 취급을 당하고

면책을 방패 삼아 법 위에 군림하며
아무 일도 안 하면서 세비는 엄청 받는
국회는 부패의 표본 없애야 할 쓰레기

지식을 거래하는 학교는 상점이고
학생은 고객이니 왕처럼 모시라는
괴상한 청지기론에 쇠락해진 시강원

죄짓고 벌을 받아 감옥에 들어가도
국경일 몇 번이면 감형돼 풀려나와
별 하나 더해졌다고 으스대는 징한 나라.

- 《문학신문문학회 연간집》. 2014년

탑돌이

소원이 많은 사람 돌을 모아 탑을 쌓고
마음이 아픈 사람 탑을 돌며 기원하지
한 세상 사는 일이란 탑돌이와 같은 것

자식 사랑 가족 걱정 원이 되고 한이 되어
마음에 더께더께 옹이로 굳어져서
한평생 가슴앓이로 탑을 돌던 어머니.

-《불교문예》제85호. 2019년

시선 올해의 최고 작품상(2018. 12. 1)

태양

땔감이 없으면은 불은 탈 수 없는데
하루도 빠짐없이 땔감은 누가 대나
태양은 46억 년간 꺼진 적이 없으니

그 불이 꺼진다면 세상은 암흑이고
목숨 가진 모든 것은 깡그리 죽을 테니
태양은 곧 생명이지, 우리들을 살리는

옛말에 전해오는 하늘나라 천인들이
땔감을 구해다가 태양 불을 피우는가
그렇게 하지 않으면 어찌 계속 타겠나.

-《도동문학》제8호. 2023년 연간집

통일 바느질

눈보라가 몰아쳐도 태풍이 할퀴어도
다가올 만풍년을 기약했던 우리인데
어째서 등을 돌리고 돌아섰단 말인가

생각도 갈라지고 강산도 찢어지니
황량한 가슴 속은 냉랭한 서릿바람
단 꿀도 소태맛이네, 감내 못 할 이 신열

애절한 비원이며, 절명의 소망이네
너와 나는 뗄 수 없는 바늘과 실이잖아
찢어진 남북강산을 바느질해 보세나.

-《마포문학》8호. 2014년
-《DMG평화축제》2020년

COMCA 비대중 공로상(2025. 2. 25)

제6부

하나로 살자

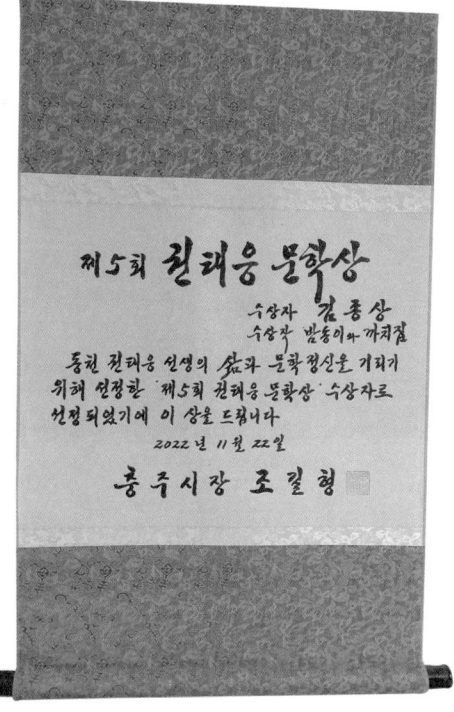

제5회 권태응문학상(2022. 11. 22)

대통령 표창(1980. 12. 5)

통일촌에서

신록의 푸르름도 엄동의 설한풍도
우리가 운명으로 받들어온 분복인데
어째서 그 모든 것을 아니라고 하는가

피가 스민 땅에는 풀빛이 더 푸르고
상처가 깊을수록 들꽃이 고운 것은
겨울이 추웠던 만큼 봄이 밝은 탓이지

우리의 산과 들은 참으로 어여쁘고
흙 한 줌 돌 한 개도 더없이 중한 것을
다시금 생각합니다. 통일촌을 보면서.

- 《마포문학》 제8호. 2014년
- 《문학과 통일》 제6호 2020년 (사)한국통일문협

파리

식사 때면 용하게 금방 알고 날아와
손발을 싹싹 빌며 머리를 까닥이며
한 술만 나눠달라고 갖은 아양 다 떨지

신발도 신지 않고 더러운 걸 밟던 발로
밥그릇에 와 앉으니 이 일을 어찌하나
그대로 둘 수는 없지 용서할 순 없잖아

당장에 잡겠다고 두 손을 휘저어도
달아났다 돌아와서 또다시 사정하니
굶주린 내 어린 때를 돌아보게 하는군.

-《詩歌흐르는서울》제78호. 2023년 7월호
-《문학과 통일》제9호. 2023년 연간집

팔 들고 벌을 서다

친구와 다투다가 팔 들고 벌을 섰다
만세를 부르듯이 두 팔을 높이 들고
서로가 마주 보면서 교실 뒤에 서 있었다

만세를 부르는 건 이겼을 때 하는 거다
친구와 다툼에서 이긴 거라 생각하니
저절로 마음이 풀려 미운 생각 사라졌다.

-《소년문학》제303호. 2018년

韓國 敎育者 大賞(2001. 5. 2)

펜을 들어

쇠사슬로 잠궈 놓은 이념의 지뢰밭은
괭이나 삽으로는 길을 틀 수 없었기에
무심한 세월만 굴려 연륜만을 더해왔네

힘겨워 손 내밀면 맞잡아 끌어주고
지쳐서 허덕일 땐 서로가 도와주면
물오른 봄나무처럼 꽃을 피울 우리 산하

워터젯 물줄기가 철판을 잘라내듯
원고지 펜 자국은 총칼보다 강할지니
강산을 졸라맨 끈은 펜을 들어 끊으리.

* 워터젯(waterjet cuting) : 수압절단기.
- 《마포문학》 8호. 2014년

평화를 향하여

새움이 아파야만 잎이 돋고 꽃이 피며
산고가 지나가야 새 생명이 탄생하듯
전쟁에 찢긴 땅에는 평화가 필연입니다

포탄에 할퀸 흉터 세월이 지워가고
피로 젖은 상처는 들꽃이 덮어주니
시간이 약이라는 말 절실하게 느낍니다

말로만 하지 않고 실행하는 DMZ디엠지
너와 나 손을 잡고 마음부터 무장해제
오늘은 산과 들 모두 꽃방석을 펼칩니다.

* DMZ : 비무장지대. 휴전선 동서 240㎞. 남북 간 4㎞
- 「DMZ평화문화제(2019년 5월 24일~26일)」에서

풍경소리

절간의 추녀에는 풍경이 달렸지요
물고기 한 마리가 그것을 흔들어요
댕그랑 작은 소리가 하늘까지 닿아요

풍경소리 출렁이는 푸르른 하늘 바다
법당도 부처님도 두둥실 떠나가요
댕그랑 소리를 타고 극락으로 갑니다.

- 《현대문예》 제102호. 2019년

PEN 문학상(2011. 12. 15)

하나로 살자

이념이 막아놓은 불가침의 높은 장벽
그 밑에 엎드려서 노려보는 살인 병기
무엇이 잘못되어서 남과 북이 이러나

한배검님 단군왕검 다 같은 뿌리에서
동해물과 백두산을 함께 해온 우리인데
어째서 등을 돌렸나 금수산하 백의민족

기다림이 병이 되어 피골은 상접하고
찢어진 가슴에는 마귀들이 깃드는데
이대로 살아갈 수는 없는 일이 아닌가

한라산 백록담과 백두의 천지 물은
바다로 흘러들어 하나가 되지 않나
우리도 그렇게 만나 함께 뭉쳐 살아야지.

-《통일문학선집》 만해통일문학축전. 2018년

하늘

구름이 숨 가쁘게 그림을 그리다가
지우고 떠나가면 청명한 푸른 하늘
아버지 계시는 곳이 저 하늘이 분명해

황소와 벗이 되어 논밭을 가꾸시면
오곡이 풍성하던 기름진 문전옥답
거기에 우리 식구들 명줄이 달렸었지

황소도 아버지도 이제는 떠나가고
논밭의 주인들도 모두 바뀐 오늘에는
나마저 아버지에게 빈손으로 가려 해.

-《지필문학》제66호. 2023년 가을호

학가산 鶴嘉山

구름을 화관으로 머리에 썼습니다
산안개를 목에 걸고 바람에 날립니다
한 마리 학으로 살아 비상하는 산입니다

어머니 아버지의 발 때 묻은 산입니다
그들은 모두 가고 홀로 남은 산입니다
그래서 학가산이란 눈물 같은 정입니다.

* 학가산(鶴嘉山) : 고향에 있는 산.
- 『한두실에서 복사골까지』 2014년

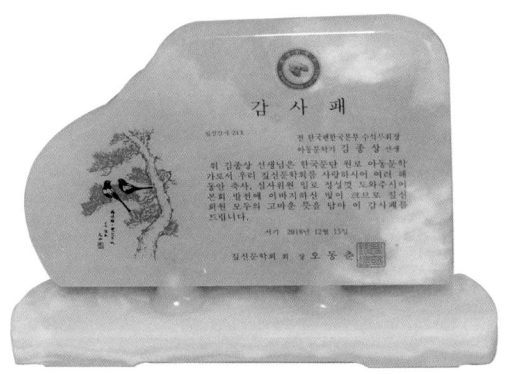

감사패(2018. 12. 15)

한글 나라 좋은 나라

'가가가' 울며 살던 일본의 개구리도
우리 땅에 들어오면 '개굴개굴' 노래하고,
'콕커르 두둘두'하던 미국 닭도 '꼬끼오'한다

서양의 '크로바'도 한글로는 '토끼풀'이고
'푸라탄'도 이 땅에 들어와 살고부터는
가슴에 '버짐나무'란 이름표를 달았다

한글 나라 좋은 나라 우리 하늘 아래서는
들에 사는 뭇짐승과 멧새들은 물론이고
풀숲의 벌레들까지 한글 말로 지저귄다.

−「세계한글작가대회」 초청낭송. 2015년 9월

한 송이 푸른 연꽃

진흙 속에 피어나도 청아한 고운 자태
가까이에서 보다도 멀수록 깊은 향기
당신은 청하입니다. 한 송이 푸른 연꽃

줄기는 속을 비워 사심이 전혀 없고
가지를 두지 않아 흔들림을 미리 막는
연꽃은 그러합니다. 외줄기 곧은 꽃대

원만과 자비 광명을 상징하는 둥근 잎은
물방울을 튕겨내며 티끌도 허용치 않는
그것이 청하입니다. 고고한 칠순 노사

학계의 대학자로 후학을 기르시고
빼어난 문장가로 만인 앞에 우뚝하신
청하는 큰 빛입니다 한국펜의 이정표.

* 청하(靑荷) : '푸른 연꽃' 성기조 회장님 호임.
- 『청하 성기조 고희기념문집』. 2003년

할머니 텃밭

할머니가 떠나고 텃밭이 비게 되니
바랭이, 질경이며 민들레, 고들빼기
잡초가 웬 떡이냐며 몰려와서 살았다

풀들이 무성하니 신나는 게 또 있다
귀뚜라미, 풀무치, 메뚜기, 여치들이
살판난 세상이라고 떼를 지어 몰려왔다

조그만 텃밭에는 봄 여름내 꽃이 피고
밤낮없이 풀벌레가 뛰놀며 노래하는
하늘이 가꾸고 있는 노래하는 꽃밭이다.

-《淸溪文學》제47호. 2024년 겨울호

감사패(2018. 2. 26)

함께 살자

1950년 6월 25일 어두운 신새벽에
무모한 김일성의 기습적 남침으로
무수한 남북 장병이 서로 죽고 죽였다

우리는 상호 간에 미워할 일은 물론
싸워서 죽여야 할 이유 하나 없는데도
어째서 남북 산하를 초토화로 했던가

이제는 모두 잊고 서로가 아껴주며
하나로 손을 잡고 뭉쳐서 함께 살자
그것이 떠난 영령께 보답하는 길이다.

- 《문학과 통일》 제10호. 2024년 연간집

합정동蛤井洞 찬가

서호西湖를 주유하던 신령한 조개들이
양화진 북동쪽의 강안을 바라보니
한 폭의 수묵화처럼 풍광이 고왔어요

참으로 아름답네, 저기 가서 살아야지
조개들은 강을 나와 명당을 확인하고
삶터로 우물을 파고 새살림을 차렸어요

강물을 풀어주는 누에머리 잠두봉과
신선이 와서 노는 선유도가 곁에 있어
요지瑤池가 이곳이라고 사랑하며 살았대요

행복한 날과 달은 무심하게 흘러가서
그들의 이야기는 세화歲華에 지워져도
이름은 그대롭니다. 조개우물-합정동.

* 합정동(蛤井洞) : 조개우물골(蛤井洞)이란 뜻임(合井이 아님).
* 서호(西湖) : 옛날 한강을 압구정 쪽은 東湖, 마포 쪽은 西湖라 불렀음.
* 요지(瑤池) : 신선의 땅에 있다는 연못, 극락의 신성한 호수.

- 「마포문협 찾아가는 시낭송회」 2016년 9월 23일

탐미 문학상(2004. 12. 8)

허준박물관

진맥을 하여서는 침과 뜸을 놓아주고
약연을 손수 갈아 첩약으로 처방하는
의성의 거룩한 삶을 여기에서 보았습니다

내의원 어의로 동의보감 편저자로
치병에 몰두하던 그 열정을 접지 못해
자비의 천수관음으로 환생하여 왔습니다

그가 나신 양천고을 허가바위 구암공원
강산은 변하여도 성상은 의구하여
오늘도 환자 맞아서 진료하고 있습니다.

- 《강서문학》 제16호. 2009년

혼자 가는 여행길

누구나 황천강 반야용선을 타는 날에는
호주머니도 하나 없는 삼베 옷 단벌에
갖고 갈 자기 물품은 아무것도 없지요

값진 것과 귀한 것이 아무리 많았어도
다시는 가질 수 있는 내 것이 아니고
이제는 지금 몸뚱이 그것 하나뿐이지요

이생의 신분이나 명예는 물론이고
혈연이나 이름도 허깨비와 같은 것
영원히 못 돌아오는 혼자 가는 여행길.

- 《淸溪文學》 제46호. 2024년 가을호

화석

목숨은 바람으로 사라져 갔지마는
뼈대는 영원 속에 그대로 두고 갔네
박물관 진열대 위에 우뚝 선 사우루스

속살은 먼지처럼 흩어져 없어지고
모형만 남아있는 아파토사우르스
돌이 된 암몬조개와 삼엽충의 몸도장

이제는 화석이란 이름으로 불리며
영원한 세월 속에 새겨져 남아있는
새들과 바다 동물과 사라져간 식물들.

- 『거인의 눈동자』 2023년

감사패(2007. 8. 28)

흙덩어리

갖가지 씨알들이 뿌려지고 깨어나서
스스로 자라서는 또다시 씨알을 갖는
지구는 모성을 가진 푸르른 흙덩어리

수시로 비 내리고 천둥 번개 우렁차서
깜짝 놀라 돌아보니 나도 한 개 씨알이네
씨앗은 새싹이 되고 벌레 알은 깨어나지

이들은 모두 함께 오순도순 지내는데
사람만 이 흙덩이를 내것 네것 갈라놓고
서로가 제 것이라고 죽자 살자 우기네.

– 시조전문지《시맥時脈》제5호 2025년 겨울호

金鍾祥 時調 選集

삶의 길 등산길

초판인쇄 2025년 12월 1일
초판발행 2025년 12월 5일

지은이 | 김종상
펴낸이 | 서영애
펴낸곳 | 대양미디어

04559 서울시 중구 퇴계로45길 22-6(일호빌딩) 602호
전화 | (02)2276-0078
팩스 | (02)2267-7888

ISBN 979-11-6072-156-0 03810
값 13,000원

*지은이와 협의에 의해 인지는 생략합니다.
*잘못된 책은 교환해 드립니다.